school - la escuela 2
reis - el viaje 5
transport - el transporte 8
stad - la ciudad 10
landschap - el paisaje 14
restaurant - el restaurante 17
supermarkt - el supermercado 20
drankjes - las bebidas 22
eten - la comida 23
boerderij - la granja 27
huis - la casa 31
woonkamer - la estancia 33
keuken - la cocina 35
badkamer - el baño 38
kinderkamer - la recámara de los niños 42
kleding - la ropa 44
kantoor - la oficina 49
economie - la economía 51
beroepen - las ocupaciones 53
werktuigen - las herramientas 56
muziekinstrumenten - los instrumentos musicales 57
zoo - el zoológico 59
sporten - los deportes 62
activiteiten - las actividades 63
familie - la familia 67
lichaam - el cuerpo 68
ziekenhuis - el hospital 72
noodgeval - la emergencia 76
aarde - la tierra 77
klok - el reloj 79
week - la semana 80
jaar - el año 81
vormen - las formas 83
kleuren - colores 84
tegengestelden - los opuestos 85
cijfers - los números 88
Talen - los idiomas 90
wie / wat / hoe - quién / qué / cómo 91
waar - dónde 92

Impressum
Verlag: BABADADA GmbH, Nedderfeld 112 , 22529 Hamburg
Geschäftsführer / Verlagsleitung: Harald Hof
Druck: Books on Demand GmbH, In de Tarpen 42, 22848 Norderstedt

Imprint
Publisher: BABADADA GmbH, Nedderfeld 112 , 22529 Hamburg, Germany
Managing Director / Publishing direction: Harald Hof
Print: Books on Demand GmbH, In de Tarpen 42, 22848 Norderstedt

school
la escuela

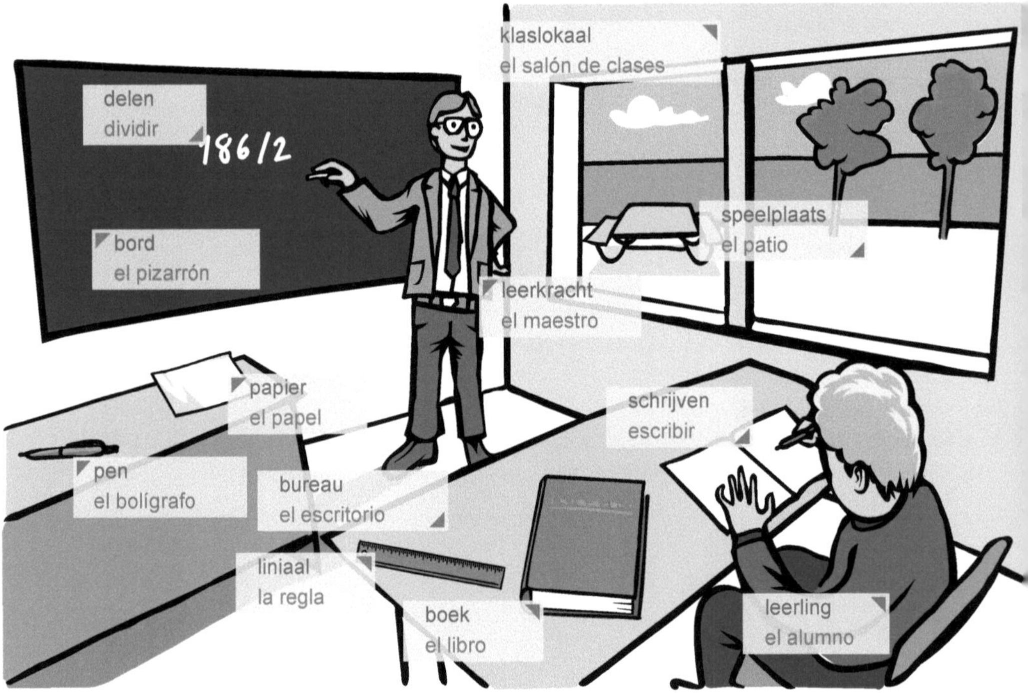
klaslokaal
el salón de clases
delen
dividir
186/2
speelplaats
el patio
bord
el pizarrón
leerkracht
el maestro
papier
el papel
schrijven
escribir
pen
el bolígrafo
bureau
el escritorio
liniaal
la regla
boek
el libro
leerling
el alumno

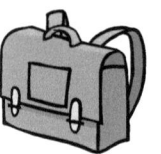

schooltas

la mochila

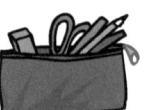

pennenzak

la caja de lápices

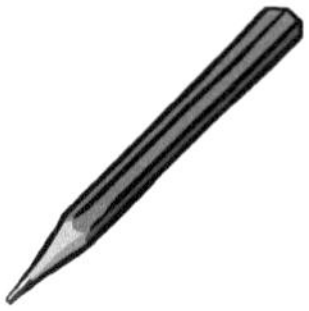

potlood

el lápiz

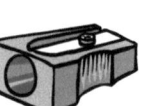

puntenslijper

el sacapuntas

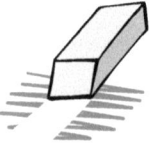

gom

la goma de borrar

tekenblok

el bloc de dibujo

tekening
el dibujo

verfborstel
el pincel

verfdoos
la caja de lápices de color

schaar
las tijeras

lijm
el pegamento

werkboek
el libro de ejercicios

huiswerk
la tarea

nummer
el número

optellen
sumar

aftrekken
restar

vermenigvuldigen
multiplicar

rekenen
calcular

letter
la letra

alfabet
el alfabeto

woord
la palabra

tekst

el texto

Lezen

leer

krijt

la tiza

les

la lección

klassenboek

el cuaderno de clase

examen

el examen

certificaat

el certificado

schooluniform

el uniforme

onderwijs

la educación

encyclopedie

la enciclopedia

universiteit

la universidad

microscoop

el microscopio

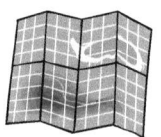

kaart

el mapa

papiermand

el bote de basura

school - la escuela

reis

el viaje

Grand
hotel
el hotel
jeugdherberg
el hostel
ROOMS
EXCHANGE
wisselkantoor
la casa de cambio
koffer
la maleta
auto
el carro

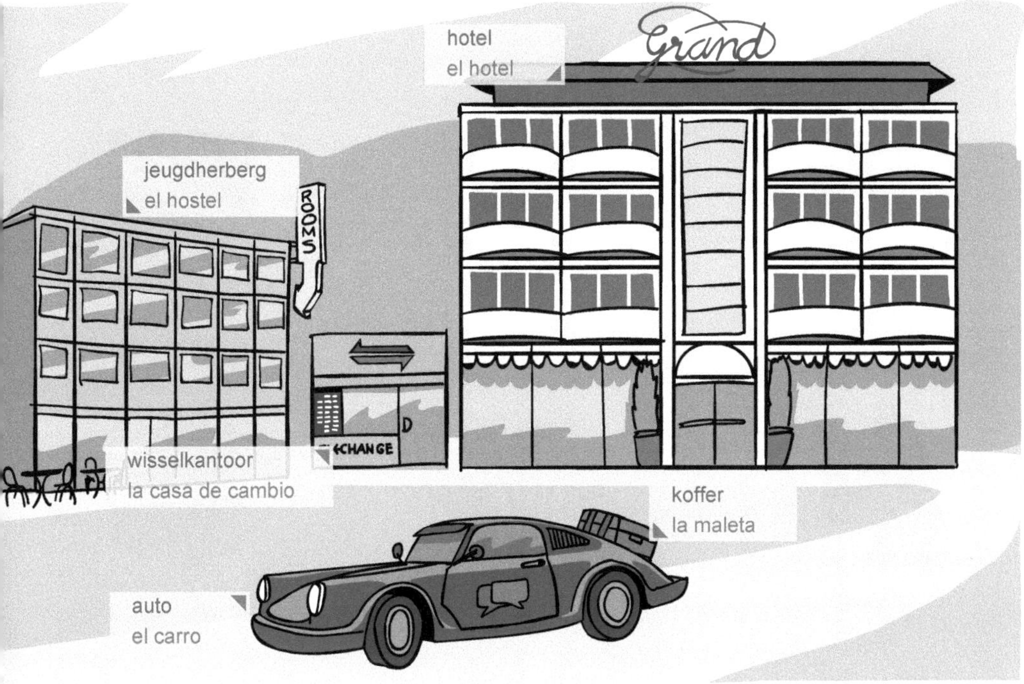

Taal

el idioma

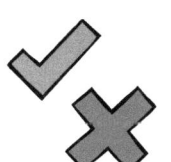

ja / nee

sí / no

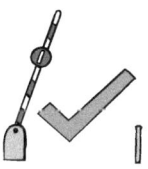

oké

Órale

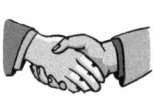

hallo

hola

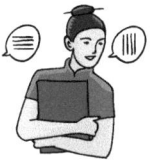

vertaler

el traductor

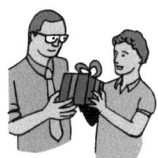

bedankt

Gracias

Hoeveel kost ...?

¿cuánto cuesta...?

Ik begrijp het niet

No entiendo

probleem

el problema

Goedenavond!

¡Buenas tardes!

Goedemorgen!

¡Buenos días!

Goedenavond!

¡Buenas noches!

Tot ziens

adiós

richting

la dirección

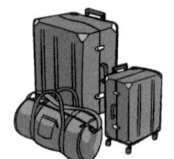

bagage

el equipaje

zak

la bolsa

rugzak

la mochila

gast

el invitado

kamer

la recámara

slaapzak

la bolsa de dormir

tent

la tienda de campaña

toeristeninformatie

la información turística

strand

la playa

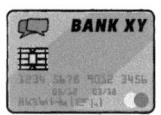

kredietkaart

la tarjeta de crédito

ontbijt

el desayuno

lunch

el almuerzo

avondeten

la cena

ticket

el billete

lift

el ascensor

postzegel

el sello

grens

la frontera

douane

la aduana

ambassade

la embajada

visum

la visa

paspoort

el pasaporte

transport
el transporte

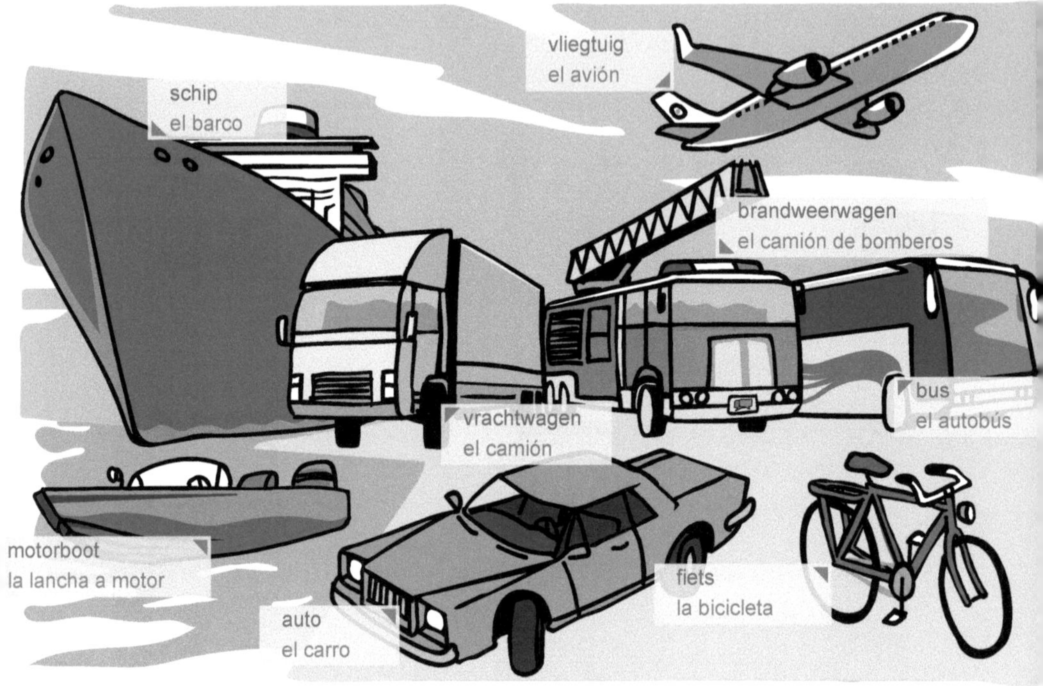
vliegtuig
el avión
schip
el barco
brandweerwagen
el camión de bomberos
bus
el autobús
vrachtwagen
el camión
motorboot
la lancha a motor
fiets
la bicicleta
auto
el carro

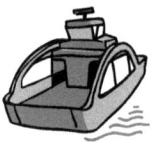

veerboot
el ferry

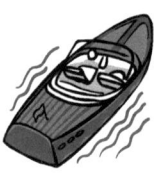

boot
el bote

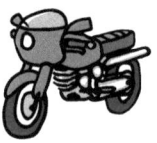

motor
la motocicleta

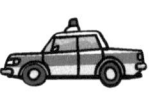

politiewagen
la patrulla

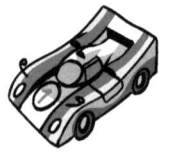

racewagen
el coche de carreras

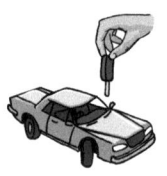

huurauto
el auto para rentar

carpoolen

la renta de autos

sleepwagen

la grúa

vuilniswagen

el camión recolector de basura

motor

el motor

benzine

la gasolina

benzinestation

la gasolinera

verkeersbord

la señal de tráfico

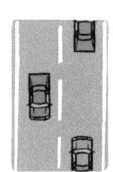

verkeer

el tránsito

file

el embotellamiento

parkeerplaats

el aparcamiento

station

la estación de tren

sporen

las vías

trein

el tren

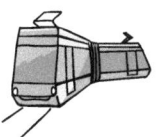

tram

el tranvía

wagon

el vagón

helikopter
el helicóptero

luchthaven
el aeropuerto

toren
la torre

passagier
el pasajero

container
el contenedor

karton
la caja de cartón

kar
la carretilla

mand
la cesta

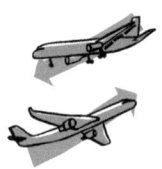

opstijgen / landen
despegar / aterrizar

stad

la ciudad

dorp
el pueblo

stadscentrum
el centro de la ciudad

huis
la casa

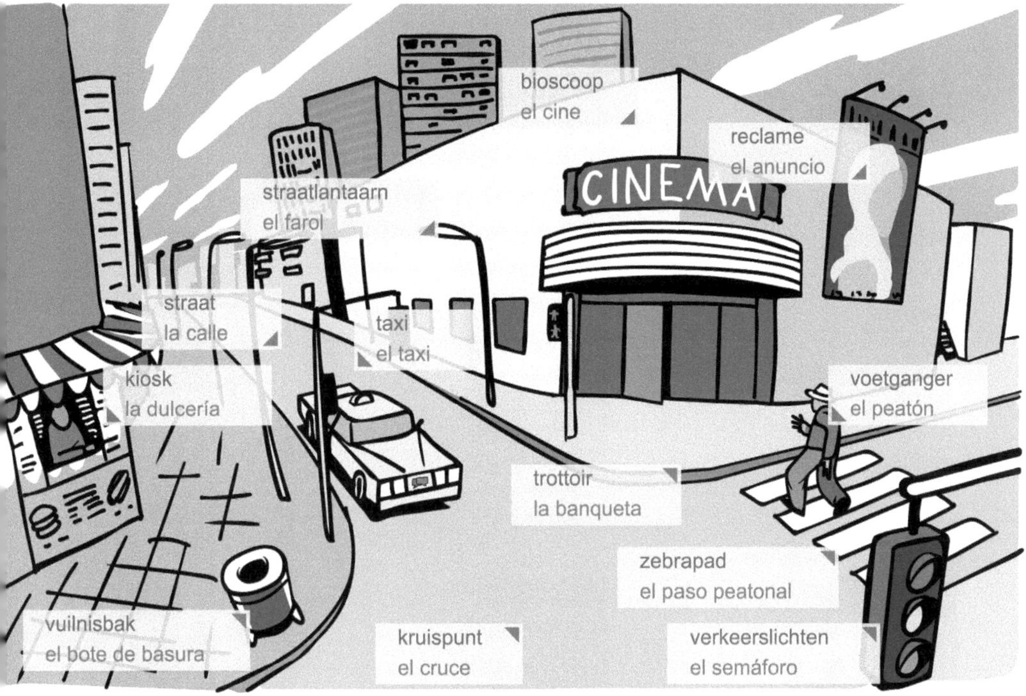

bioscoop
el cine

reclame
el anuncio

straatlantaarn
el farol

CINEMA

straat
la calle

taxi
el taxi

kiosk
la dulcería

voetganger
el peatón

trottoir
la banqueta

zebrapad
el paso peatonal

vuilnisbak
el bote de basura

kruispunt
el cruce

verkeerslichten
el semáforo

hut
la cabaña

woning
el apartamento

station
la estación de tren

stadshuis
el ayuntamiento

museum
el museo

school
la escuela

universiteit

la universidad

bank

el banco

ziekenhuis

el hospital

hotel

el hotel

apotheek

la farmacia

kantoor

la oficina

boekwinkel

la librería

winkel

la tienda

bloemenwinkel

la florería

supermarkt

el supermercado

markt

el mercado

warenhuis

las grandes tiendas

vishandelaar

la pescadería

winkelcentrum

el centro comercial

haven

el puerto

park
....
el parque

bank
....
el banco

brug
....
el puente

trap
....
las escaleras

metro
....
el metro

tunnel
....
el túnel

bushalte
....
la parada de autobús

bar
....
el bar

restaurant
....
el restaurante

brievenbus
....
el buzón

straatnaambord
....
el letrero

parkeermeter
....
el parquímetro

zoo
....
el zoológico

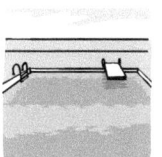

zwembad
....
la alberca

moskee
....
la mezquita

boerderij

la granja

milieuverontreiniging

la contaminación

kerkhof

el cementerio

kerk

la iglesia

speelplaats

el área de niños

tempel

el templo

landschap
el paisaje

blad
la hoja

wegwijzer
la señal

weg
el camino

weide
la pradera

steen
la piedra

boom
el árbol

wandelaar
el caminante

rivier
el río

gras
el pasto

bloem
la flor

vallei
el valle

heuvel
la montaña

meer
el lago

bos
el bosque

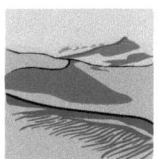

woestijn
el desierto

vulkaan
el volcán

kasteel
el castillo

regenboog
el arco iris

paddenstoel
el champiñón

palmboom
la palmera

mug
el mosquito

vlieg
la mosca

mier
la hormiga

bijl
la abeja

spin
la araña

kever

el escarabajo

kikker

la rana

eekhoorn

la ardilla

egel

el erizo

haas

la liebre

uil

la lechuza

vogel

el pájaro

zwaan

el cisne

wild zwijn

el jabalí

hert

el ciervo

eland

el alce

dam

el embalse

windturbine

la turbina eólica

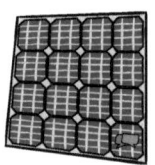

zonnepaneel

el panel solar

klimaat

el clima

restaurant
el restaurante

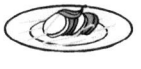

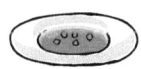

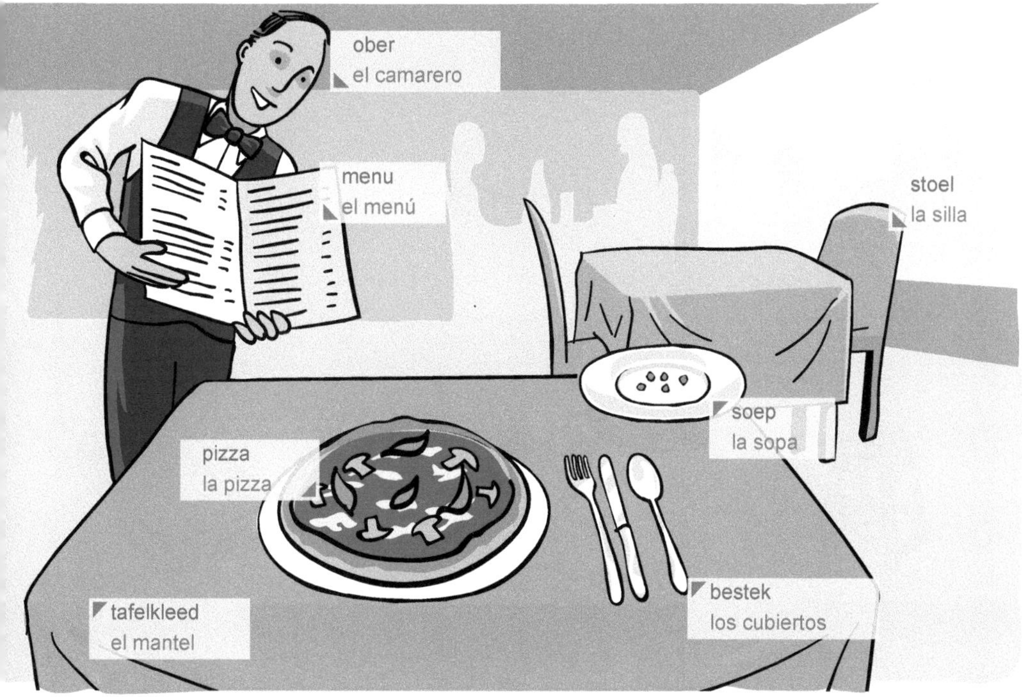

ober
el camarero
menu
el menú
stoel
la silla
soep
la sopa
pizza
la pizza
tafelkleed
el mantel
bestek
los cubiertos

voorgerecht

la entrada

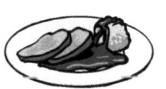

hoofdgerecht

el plato fuerte

nagerecht

el postre

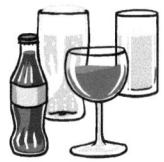

drankjes

las bebidas

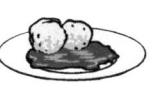

eten

la comida

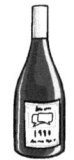

fles

la botella

fastfood

la comida rápida

street food

la comida de la calle

theepot

la tetera

suikerpot

la azucarera

portie

la porción

espressomachine

la cafetera espresso

kinderstoel

la periquera

rekening

la cuenta

dienblad

la charola

mes

el cuchillo

vork

el tenedor

lepel

la cuchara

theelepel

la cuchara de té

serviette

la servilleta

glas

el vaso

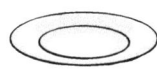

bord
el plato

soepbord
el plato hondo

schoteltje
el plato

saus
la salsa

zoutvatje
el salero

pepermolen
el molino para pimienta

azijn
el vinagre

olie
el aceite

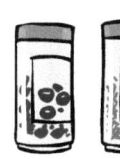

kruiden
las especias

ketchup
el kétchup

mosterd
la mostaza

mayonaise
la mayonesa

supermarkt
el supermercado

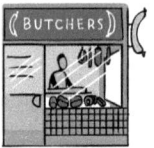

aanbieding
la oferta especial
FOR
klant
el cliente
zuivelproducten
los productos lácteos
fruit
la fruta
winkelwagen
el carrito para compras

BUTCHERS

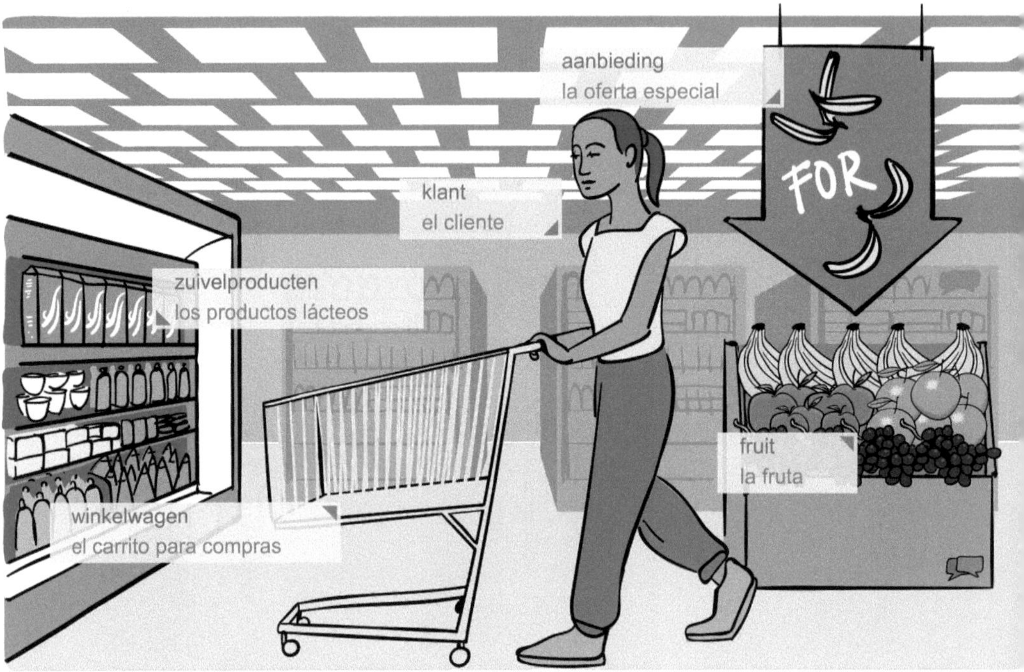

slagerij

la carnicería

BAKERY

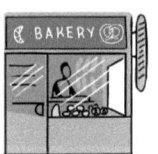

bakkerij

la panadería

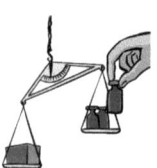

wegen

pesar

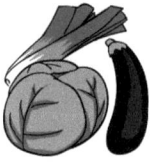

groenten

los vegetales

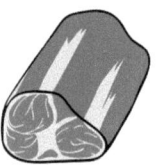

vlees

la carne

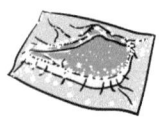

diepvriesvoedsel

los alimentos congelados

charcuterie

las carnes frías

conserven

los alimentos enlatados

waspoeder

el detergente en polvo

snoep

los dulces

huishoudproducten

los electrodomésticos

schoonmaakproducten

productos de limpieza

verkoopster

la vendedora

kassa

la caja

kassier

el cajero

boodschappenlijstje

la lista de compras

openingstijden

el horario de atención al público

portefeuille

la cartera

kredietkaart

la tarjeta de crédito

tas

la bolsa

plastieken zakje

la bolsa de plástico

water

el agua

sap

el jugo

melk

la leche

cola

el refresco de cola

wijn

el vino

bier

la cerveza

alcohol

el alcohol

cacao

el cacao

thee

el té

koffie

el café

espresso

el espresso

cappuccino

el cappuccino

banaan

el plátano

appel

la manzana

sinaasappel

la naranja

meloen

el melón

citroen

el limón

wortel

la zanahoria

knoflook

el ajo

bamboe

el bambú

ajuin

la cebolla

champignon

el champiñón

noten

las nueces

noodles

los fideos

spaghetti

los espaguetis

rijst

el arroz

salade

la ensalada

frieten

las patatas fritas

gebakken aardappelen

las patatas fritas

pizza

la pizza

hamburger

la hamburguesa

sandwich

el emparedado

kalfslapje

el filete

ham

el jamón

salami

el salami

worst

la salchicha

kip

el pollo

braden

el asado

vis

el pescado

havervlokken

los copos de avena

muesli

el muesli

cornflakes

los copos de maíz

bloem

la harina

croissant

el cuernito

pistolet

el bolillo

brood

el pan

toast

la tostada

koekjes

las galletas

boter

la mantequilla

kwark

la cuajada

taart

el pastel

ei

el huevo

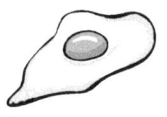

spiegelei

el huevo frito

kaas

el queso

eten - la comida

ijs

el helado

suiker

el azúcar

honing

la miel

confituur

la mermelada

choco

la crema de chocolate

curry

el curry

boerderij
la granja

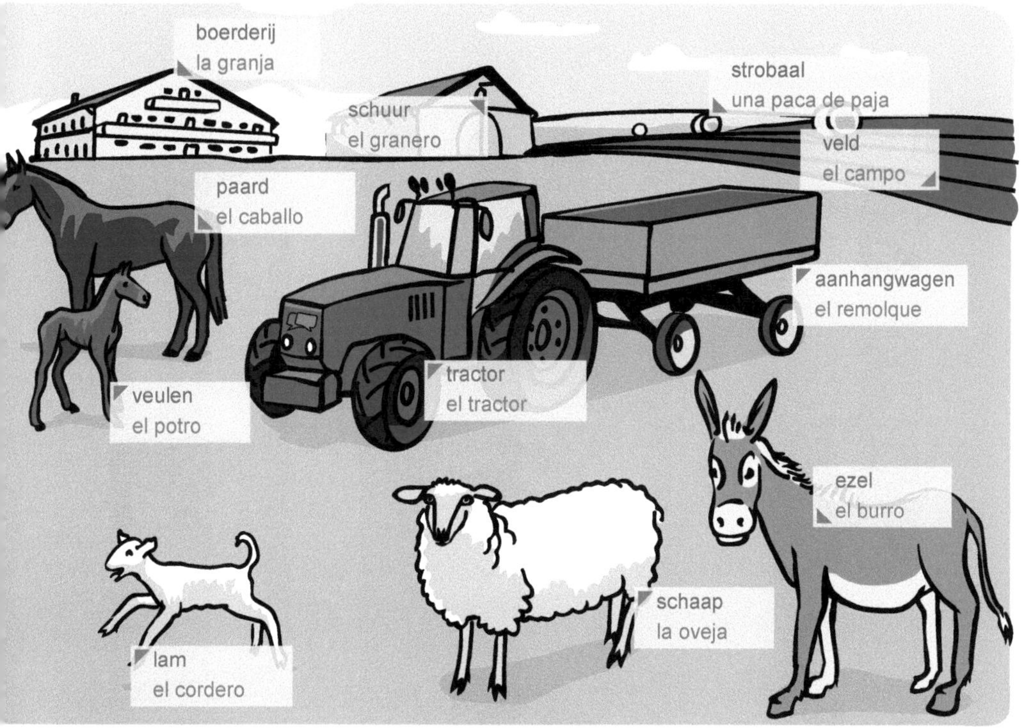
boerderij
la granja
strobaal
una paca de paja
schuur
el granero
veld
el campo
paard
el caballo
aanhangwagen
el remolque
tractor
el tractor
veulen
el potro
ezel
el burro
schaap
la oveja
lam
el cordero

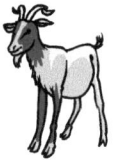

geit

la cabra

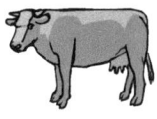

koe

la vaca

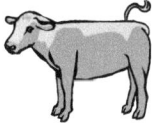

kalf

el ternero

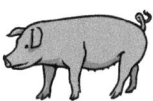

varken

el cerdo

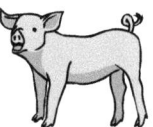

biggetje

el lechón

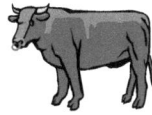

stier

el toro

gans
el ganso

eend
el pato

kuiken
el pollo

kip
la gallina

haan
el gallo

rat
la rata

kat
el gato

muis
el ratón

os
el buey

hond
el perro

hondenhok
la casa del perro

tuinslang
la manguera

gieter
la regadera

zeis
la guadaña

ploeg
el arado

sikkel

la hoz

schoffel

el azadón

hooivork

la horquilla

bijl

el hacha

kruiwagen

la carretilla

trog

el bebedero

melkkan

el bote de leche

zak

el saco

hek

la valla

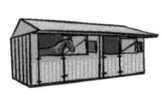

stal

el establo

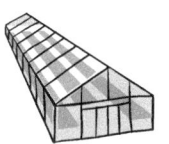

broeikas

el invernadero

bodem

el suelo

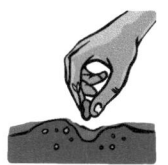

zaad

la semilla

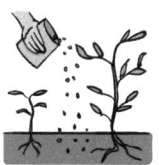

mest

el fertilizador

maaidorser

la cosechadora

oogsten
cosechar

oogst
la cosecha

yam
el camote

tarwe
el trigo

soja
la soja

aardappel
la patata

maïs
el maíz

koolzaad
la semilla de colza

fruitboom
el árbol frutal

maniok
la mandioca

graan
las cereales

huis
la casa

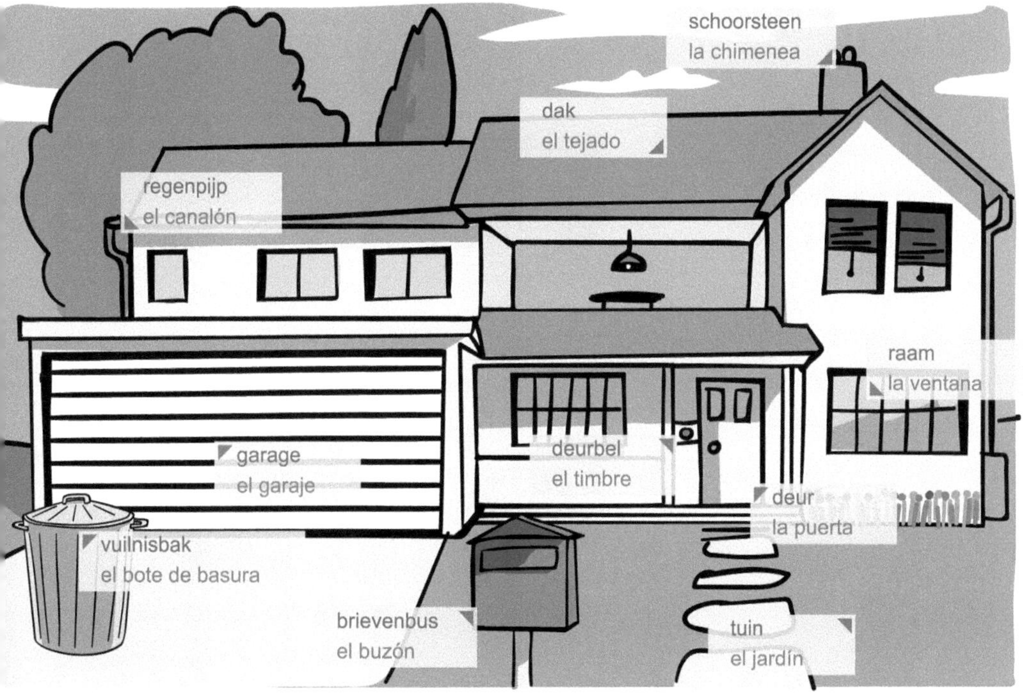
schoorsteen
la chimenea
dak
el tejado
regenpijp
el canalón
raam
la ventana
garage
el garaje
deurbel
el timbre
deur
la puerta
vuilnisbak
el bote de basura
brievenbus
el buzón
tuin
el jardín

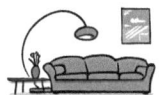

woonkamer

la estancia

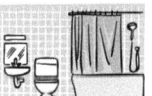

badkamer

el baño

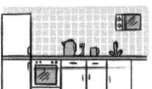

keuken

la cocina

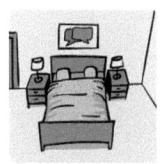

slaapkamer

la recámara

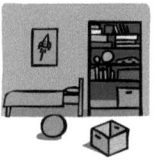

kinderkamer

la recámara de los niños

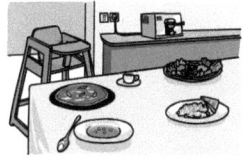

eetkamer

el comedor

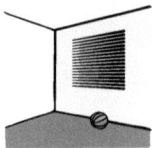

vloer

el suelo

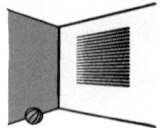

muur

la pared

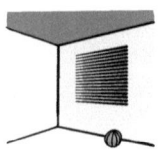

plafond

el techo

kelder

el sótano

sauna

el sauna

balkon

el balcón

terras

la terraza

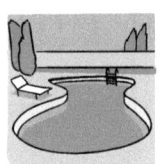

zwembad

la alberca

grasmaaier

el cortacésped

dekbedovertrek

la sábana

dekbed

la colcha

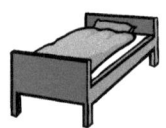

bed

la cama

bezem

la escoba

emmer

el balde

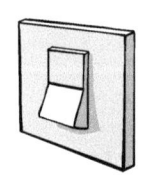

schakelaar

el interruptor

woonkamer
la estancia

behangpapier
el papel para empapelar
foto
la imagen
lamp
la lámpara
schap
el estante
kast
la alacena
televisie
la televisión
open haard
la chimenea
bloem
la flor
kussen
el cojín
sofa
el sofá
vaas
el florero
afstandsbediening
el control remoto

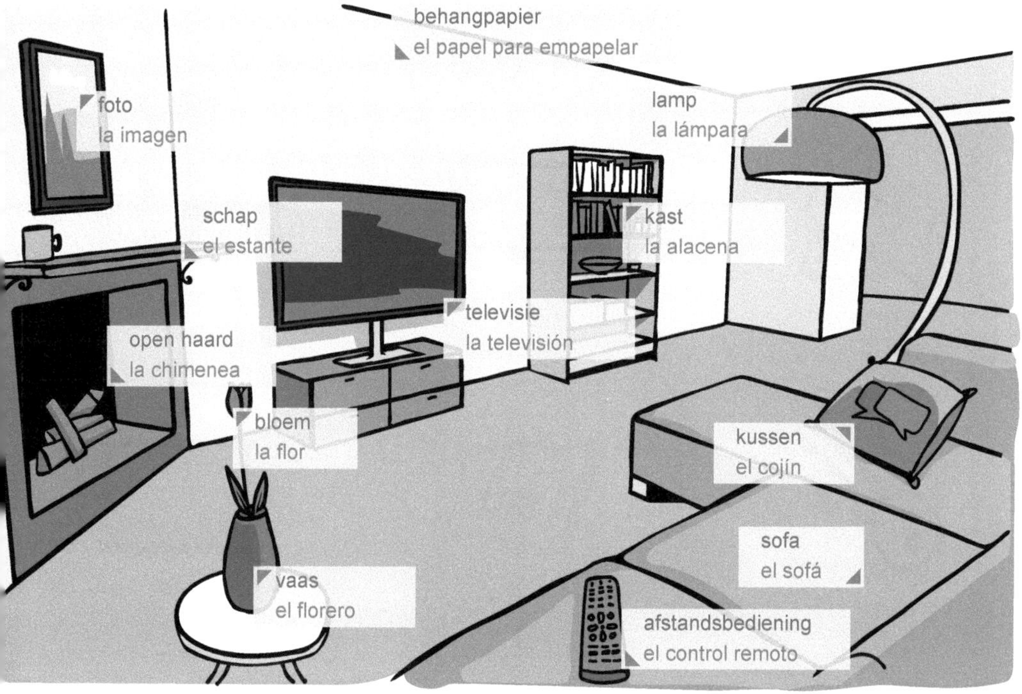

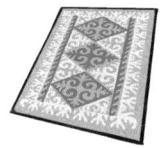

mat
la alfombra

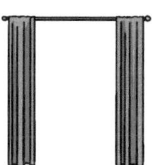

gordijn
la cortina

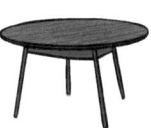

tafel
la mesa

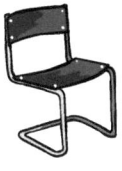

stoel
la silla

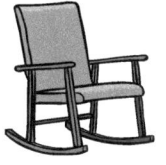

schommelstoel
la mecedora

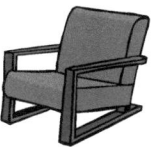

fauteuil
el sillón

boek
....
el libro

deken
....
la frazada

decoratie
....
la decoración

brandhout
....
la leña

film
....
la película

stereo-installatie
....
el equipo de música

sleutel
....
la llave

krant
....
el periódico

schilderij
....
la pintura

poster
....
el póster

radio
....
la radio

notitieboekje
....
el cuaderno

stofzuiger
....
la aspiradora

cactus
....
el cactus

kaars
....
la vela

keuken
la cocina

koelkast
el refrigerador
microgolfoven
el microondas
keukenweegschaal
la báscula de cocina
broodrooster
la tostadora
afwasmiddel
el detergente
oven
el horno
vriesvak
el congelador
vuilnisbak
el bote de basura
vaatwasmachine
el lavavajillas

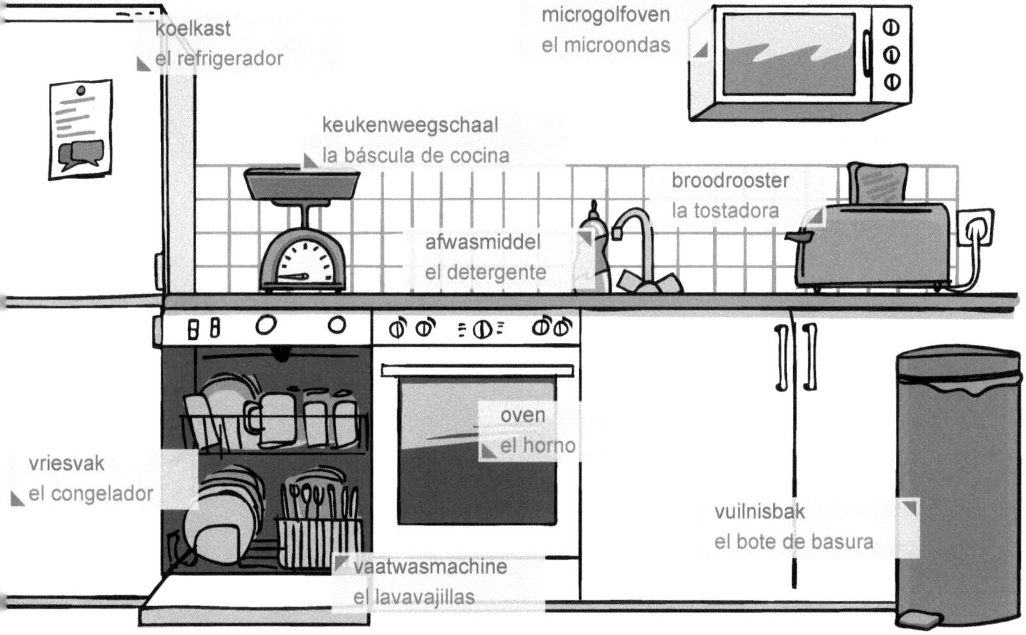

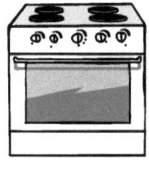

fornuis

la olla a presión

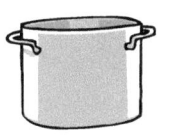

pot

la olla

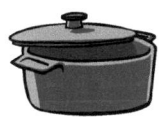

gietijzeren pot

la olla de hierro fundido

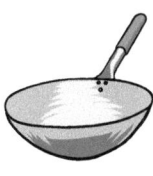

wok / kadai

el wok

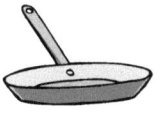

pan

la sartén

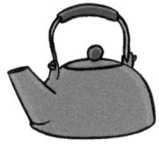

waterkoker

el hervidor

stoomkoker

la vaporera

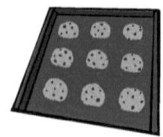

bakplaat

la charola de horno

servies

la loza

mok

la taza

kom

el bol

eetstokjes

los palillos

pollepel

el cucharón

spatel

la espátula

garde

la batidora

vergiet

el colador

zeef

el colador

rasp

el rallador

mortier

el mortero

barbecue

la barbacoa

haardvuur

la fogata

snijplank

la tabla para picar

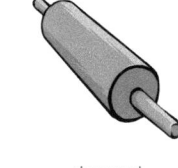

deegrol

el rodillo para amasar

kurkentrekker

el sacacorchos

blik

la lata

blikopener

el abrelatas

pannenlap

el guante de cocina

gootsteen

el fregadero

borstel

el cepillo

spons

la esponja

blender

la batidora

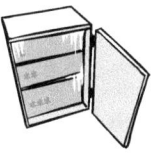

vriezer

el congelador

papfles

el biberón

kraan

la llave

badkamer
el baño

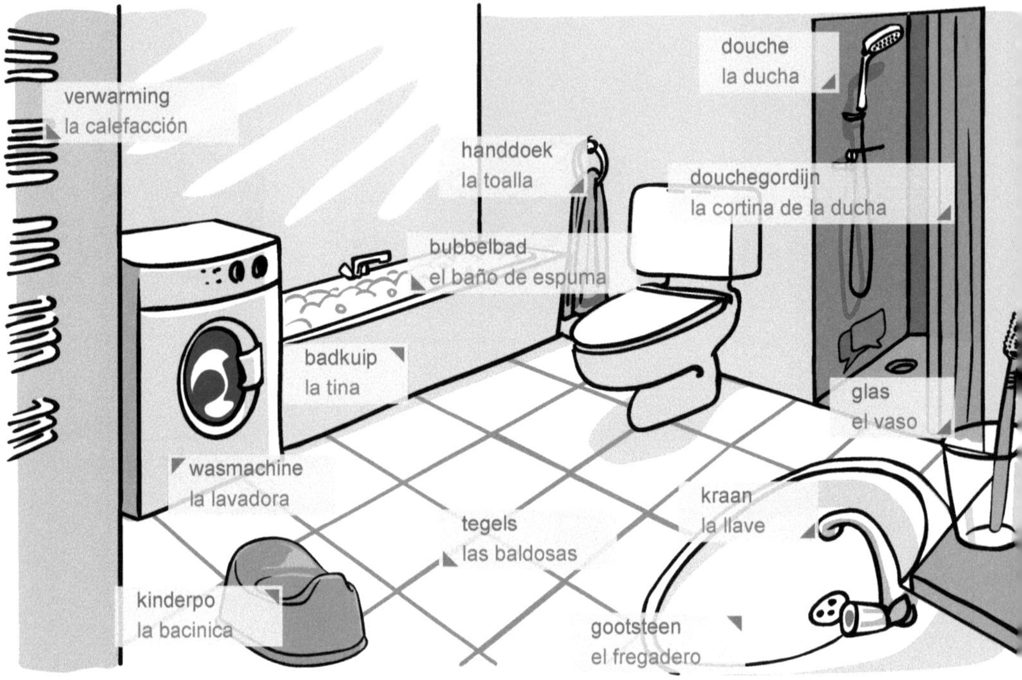
douche
la ducha
verwarming
la calefacción
handdoek
la toalla
douchegordijn
la cortina de la ducha
bubbelbad
el baño de espuma
badkuip
la tina
glas
el vaso
wasmachine
la lavadora
kraan
la llave
tegels
las baldosas
kinderpo
la bacinica
gootsteen
el fregadero

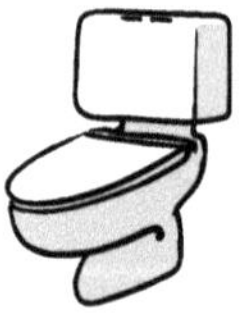

toilet

el inodoro

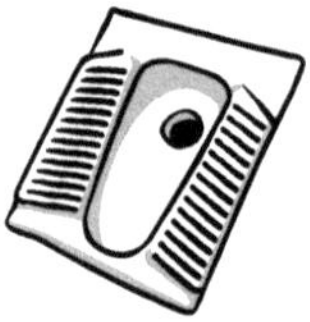

hurktoilet

la letrina

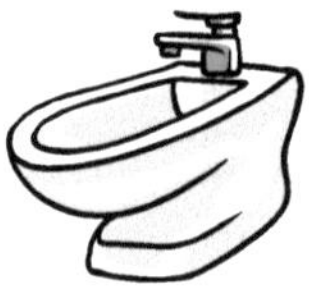

bidet

el bidé

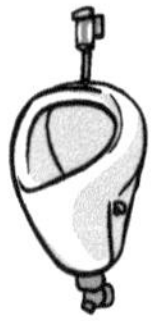

urinoir

el mingitorio

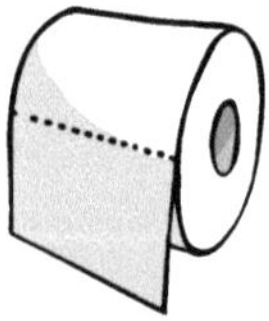

toiletpapier

el papel higiénico

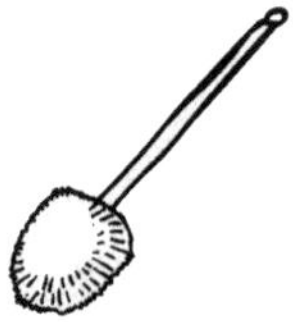

toiletborstel

el cepillo para baño

tandenborstel

el cepillo de dientes

tandpasta

la pasta dental

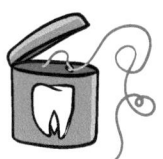

flosdraad

el hilo dental

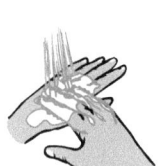

wassen

lavar

handdouche

la ducha de mano

bidethanddouche

la ducha vaginal

waskom

el fregadero

rugborstel

el cepillo de espalda

zeep

el jabón

douchegel

el gel de ducha

shampoo

el champú

washandje

la toallita

afvoer

el drenaje

crème

la crema

deodorant

el desodorante

spiegel

el espejo

handspiegel

el espejo de tocador

scheermes

la máquina para afeitar

scheerschuim

la espuma de afeitar

aftershave

la loción para después de
afeitar

kam

el peine

borstel

el cepillo

haardroger

la secadora

haarlak

la laca

make-up

el maquillaje

lippenstift

el lápiz labial

nagellak

el esmalte para uñas

watten

el algodón

nagelknipper

las tijeras para uñas

parfum

el perfume

toilettas

el estuche para cosméticos

kruk

el taburete

weegschaal

la báscula

badjas

la bata

latex handschoenen

los guantes de goma

tampon

el tampón

maandverband

la toalla sanitaria

chemisch toilet

el baño móvil

kinderkamer

la recámara de los niños

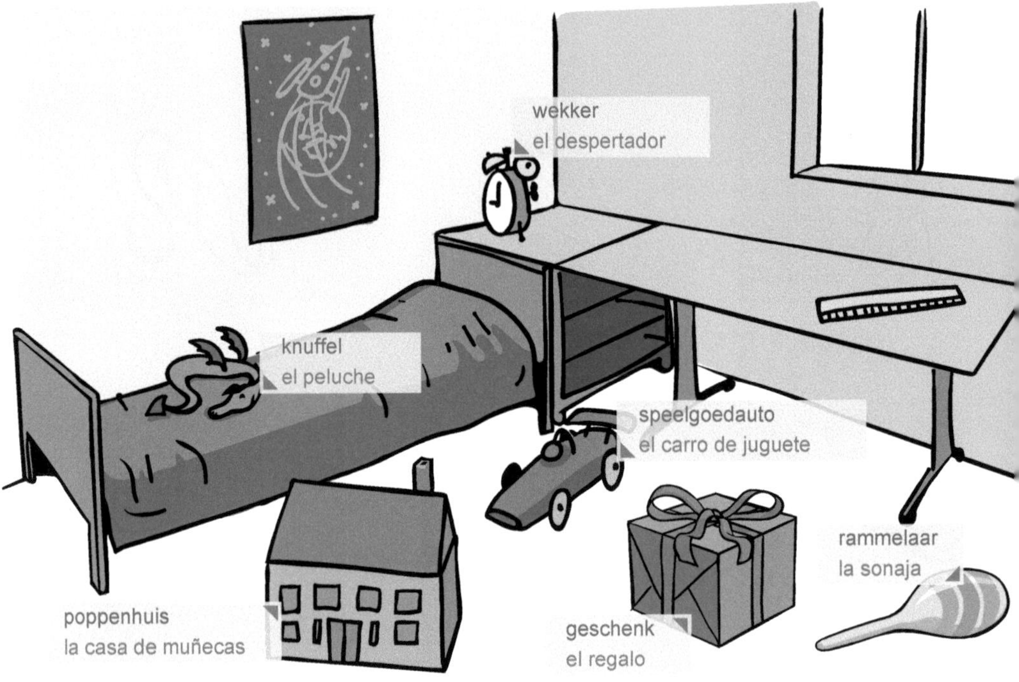

wekker
el despertador
knuffel
el peluche
speelgoedauto
el carro de juguete
rammelaar
la sonaja
poppenhuis
la casa de muñecas
geschenk
el regalo

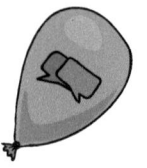

ballon

el globo

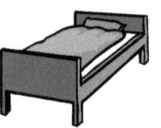

bed

la cama

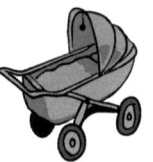

kinderwagen

la carriola

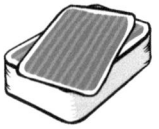

spel kaarten

las cartas

puzzel

el rompecabezas

SUPER MEGA

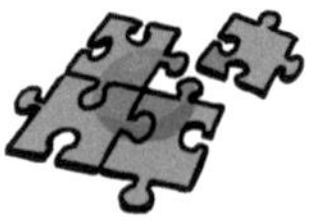

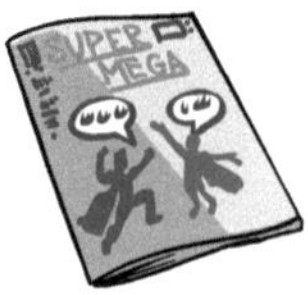

stripboek

el cómic

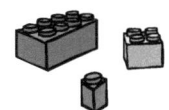

legoblokjes

las piezas de lego

blokken

los bloques para jugar

actiefiguur

la figura de acción

kruippakje

el mameluco

frisbee

el frisbee

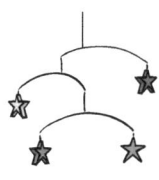

mobiel

el móvil para bebés

bordspel

el juego de mesa

dobbelsteen

los dados

modelspoorweg

el tren eléctrico

fopspeen

el maniquí

feest

la fiesta

prentenboek

el álbum de fotos

bal

el balón

pop

la muñeca

spelen

jugar

zandbak

el arenero

schommel

el columpio

speelgoed

los juguetes

spelconsole

la consola de videojuegos

driewieler

el triciclo

knuffelbeer

el oso de peluche

kleerkast

el clóset

kleding

la ropa

sokken

los calcetines

kousen

las pantimedias

maillot

las mallas

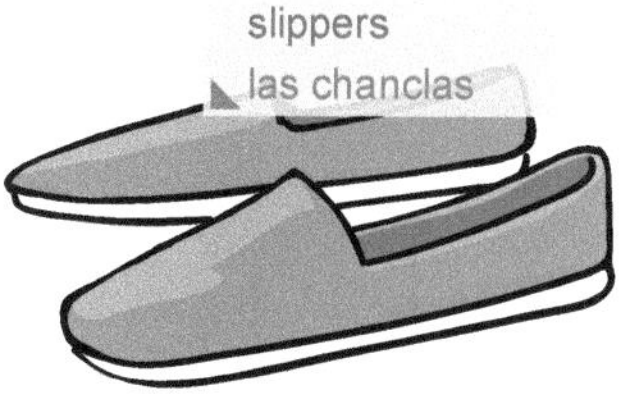

sjaal
la bufanda

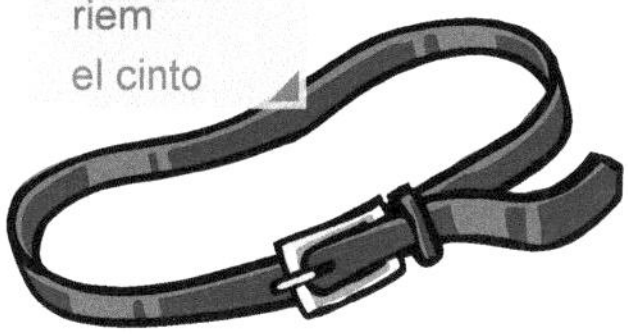

riem
el cinto

paraplu
el paraguas

T-shirt
la playera

laarzen
las botas

slippers
las chanclas

sneakers
los tenis

sandalen
....
las sandalias

schoenen
....
los zapatos

rubberlaarzen
....
las botas de goma

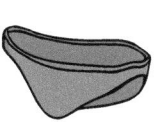

onderbroek
....
la ropa interior

beha
....
el brasier

onderhemd
....
el chaleco

lichaam

el body

broek

los pantalones

jeans

los pantalones de mezclilla

rok

la falda

blouse

la blusa

hemd

la camisa

trui

el suéter

capuchontrui

la sudadera

blazer

el saco sport

jas

la chamarra

jas

el abrigo

regenjas

el impermeable

kostuum

el traje

jurk

el vestido

trouwjurk

el vestido de novia

kleding - la ropa

pak

el traje

nachthemd

el camisón

pyjama

el pijama

sari

el sari

hoofddoek

el pañuelo para la cabeza

tulband

el turbante

boerka

la burka

kaftan

el caftán

abaya

la abaya

badpak

el traje de baño

zwembroek

el short de baño

short

los shorts

trainingspak

los pants

schort

el delantal

handschoenen

los guantes

knoop

el botón

bril

las gafas

armband

el brazalete

ketting

el collar

ring

el anillo

oorbel

el arete

pet

la gorra

kapstok

el gancho

hoed

el sombrero

das

la corbata

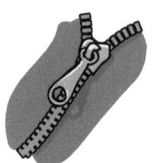

rits

el cierre

helm

el casco

bretellen

los tirantes

schooluniform

el uniforme

uniform

el uniforme

slabbetje

el babero

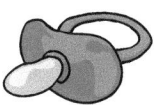

fopspeen

el maniquí

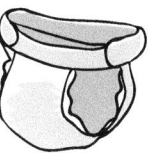

luier

el pañal

kantoor
la oficina

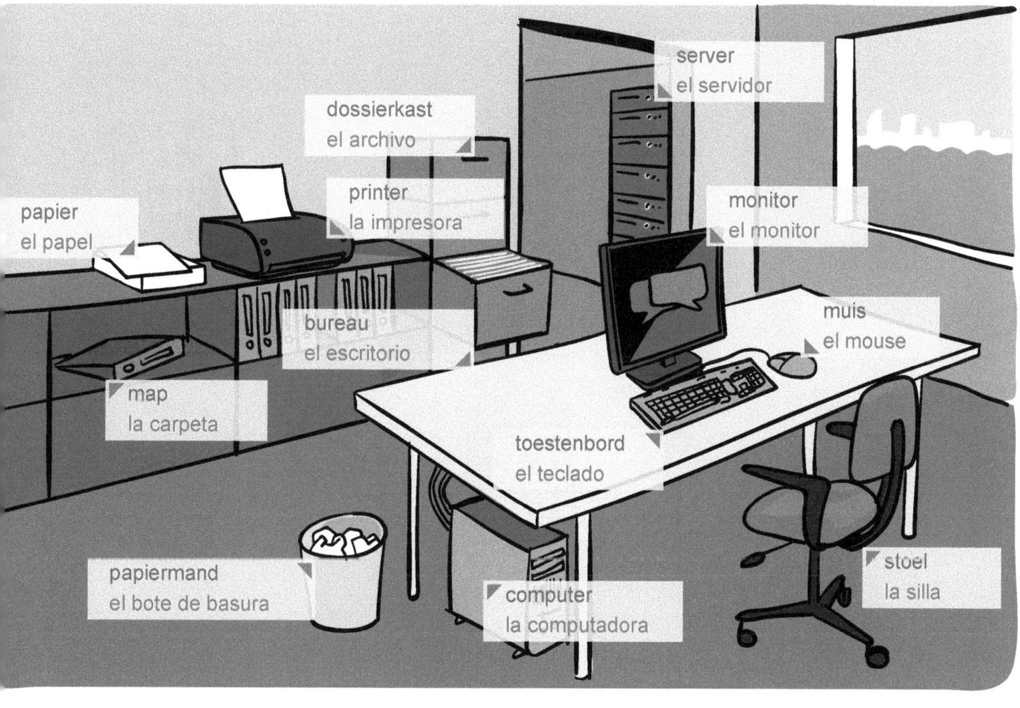

server
el servidor

dossierkast
el archivo

printer
la impresora

monitor
el monitor

papier
el papel

bureau
el escritorio

muis
el mouse

map
la carpeta

toestenbord
el teclado

papiermand
el bote de basura

computer
la computadora

stoel
la silla

koffiemok

la taza de café

rekenmachine

la calculadora

internet

el internet

laptop
....
la notebook

brief
....
la carta

bericht
....
el mensaje

gsm
....
el móvil

netwerk
....
la red

kopieerapparaat
....
la fotocopiadora

software
....
el software

telefoon
....
el teléfono

stopcontact
....
el tomacorriente

fax
....
el fax

formulier
....
el formulario

document
....
el documento

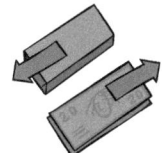

kopen
comprar

betalen
pagar

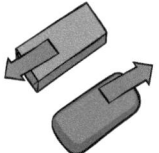

handelen
hacer negocios

geld
el dinero

dollar
el dólar

euro
el euro

yen
el yen

roebel
el rublo

Zwitserse frank
el franco suizo

Chinese renminbi
el yuan

roepie
la rupia

geldautomaat
el cajero automático

wisselkantoor

la casa de cambio

goud

el oro

zilver

la plata

olie

el petróleo

energie

la energía

prijs

el precio

contract

el contrato

belasting

el impuesto

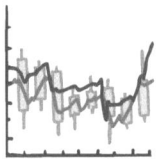

aandeel

la acción

werken

trabajar

werknemer

el empleado

werkgever

el empleador

fabriek

la fábrica

winkel

la tienda

beroepen
las ocupaciones

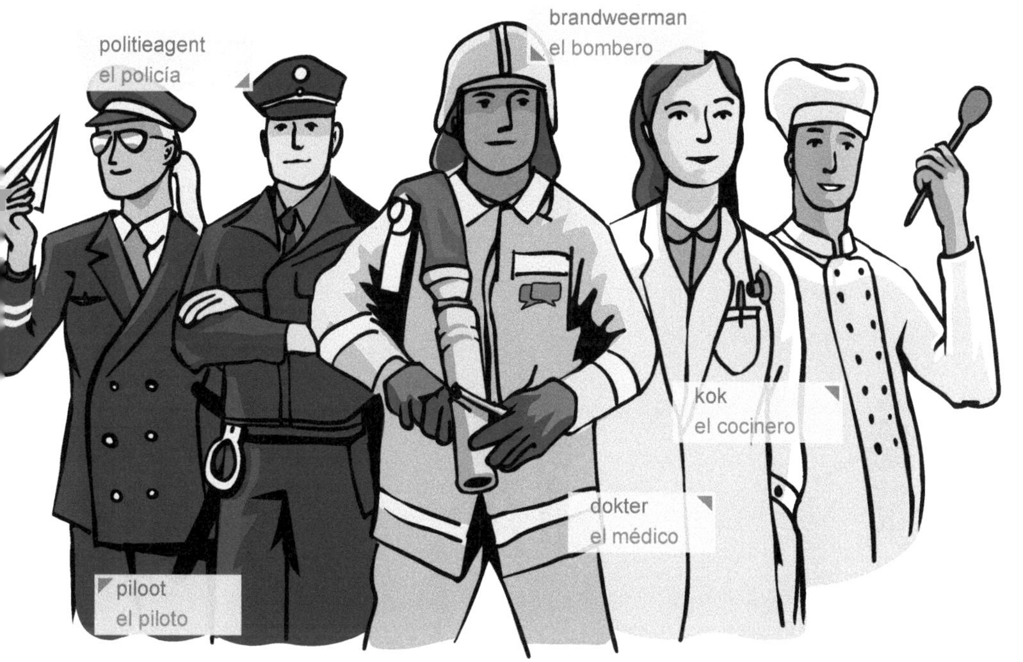
politieagent
el policía
brandweerman
el bombero
kok
el cocinero
dokter
el médico
piloot
el piloto

tuinman
....
el jardinero

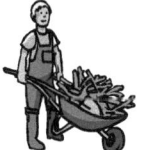

timmerman
....
el carpintero

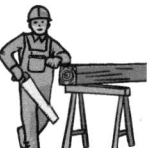

naaister
....
la costurera

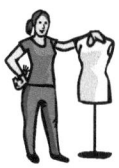

rechter
....
el juez

chemicus
....
el farmacéutico

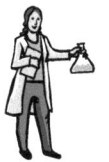

acteur
....
el actor

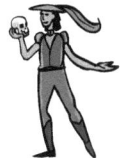

buschauffeur

el conductor de autobús

taxichauffeur

el taxista

visser

el pescador

schoonmaakster

la señora de la limpieza

dakdekker

el instalador de techos

ober

el camarero

jager

el cazador

schilder

el pintor

bakker

el panadero

elektricien

el electricista

bouwvakker

el obrero

ingenieur

el ingeniero

slager

el carnicero

loodgieter

el plomero

postbode

el cartero

soldaat

el soldado

architect

el arquitecto

kassier

el cajero

bloemist

el florista

kapper

el peluquero

conducteur

el cobrador

mecanicien

el mecánico

kapitein

el capitán

tandarts

el dentista

wetenschapper

el científico

rabbijn

el rabino

imam

el imán

monnik

el monje

geestelijke

el sacerdote

werktuigen
las herramientas

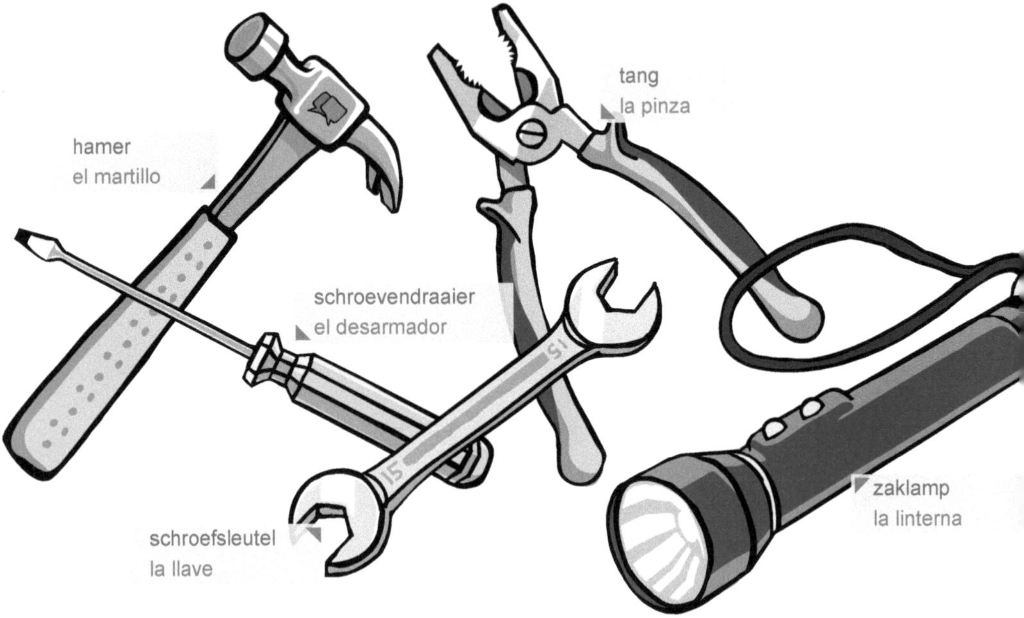
tang
la pinza
hamer
el martillo
schroevendraaier
el desarmador
zaklamp
la linterna
schroefsleutel
la llave

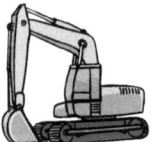

graafmachine

la excavadora

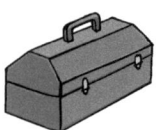

gereedschapskoffer

la caja de herramientas

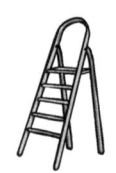

ladder

la escalera de mano

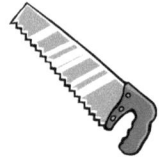

zaag

la sierra

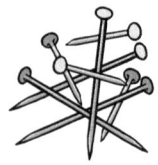

spijkers

los clavos

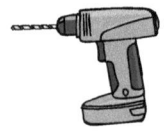

boormachine

el taladro

repareren

reparar

schop

la pala

Verdomme!

¡Maldición!

blik

el recogedor

verfpot

el bote de pintura

schroeven

los tornillos

muziekinstrumenten
los instrumentos musicales

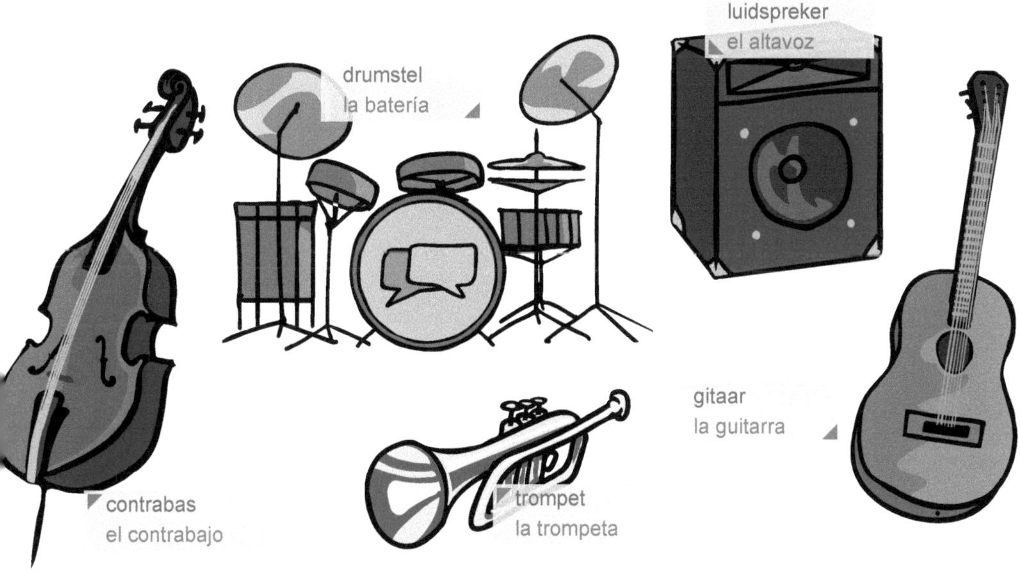

drumstel
la batería

luidspreker
el altavoz

gitaar
la guitarra

contrabas
el contrabajo

trompet
la trompeta

piano

el piano

viool

el violín

basgitaar

el bajo

pauk

los timbales

trommels

el tambor

keyboard

el teclado

saxofoon

el saxofón

fluit

la flauta

microfoon

el micrófono

zoo
el zoológico

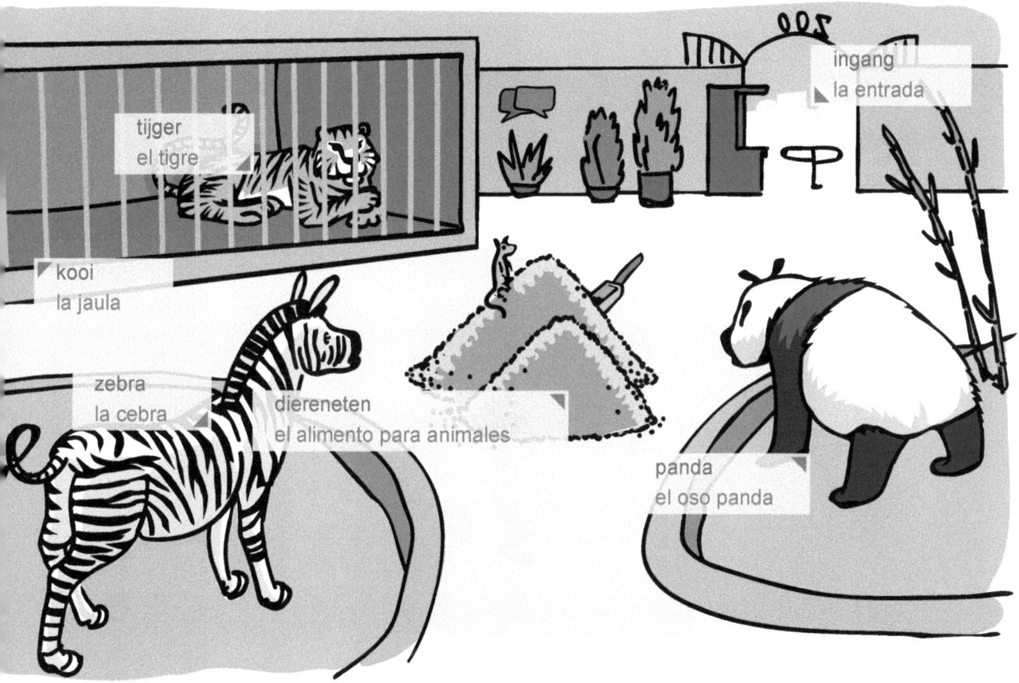
ingang
la entrada
tijger
el tigre
kooi
la jaula
zebra
la cebra
diereneten
el alimento para animales
panda
el oso panda

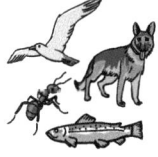

dieren

los animales

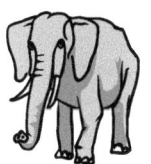

olifant

el elefante

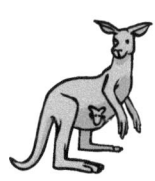

kangoeroe

el canguro

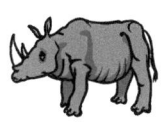

neushoorn

el rinoceronte

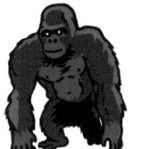

gorilla

el gorila

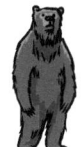

beer

el oso

kameel

el camello

struisvogel

el avestruz

leeuw

el león

aap

el mono

flamingo

el flamenco

papegaai

el loro

ijsbeer

el oso polar

pinguïn

el pingüino

haai

el tiburón

pauw

el pavo real

slang

la serpiente

krokodil

el cocodrilo

dierenverzorger

el guardián de zoológico

zeehond

la foca

jaguar

el jaguar

pony

el poni

luipaard

el leopardo

nijlpaard

el hipopótamo

giraffe

la jirafa

adelaar

el águila

wild zwijn

el jabalí

vis

el pescado

zeeschildpad

la tortuga

walrus

la morsa

vos

el zorro

gazelle

la gacela

rugby
el fútbol americano

wielrennen
el ciclismo

tennis
el tenis

basketbal
el baloncesto

zwemmen
la natación

ijshockey
el hockey sobre hielo

boksen
el boxeo

voetbal
el fútbol

badminton
el bádminton

atletiek
el atletismo

handbal
el handball

skiën
el esquí

polo
el polo

activiteiten
las actividades

lachen
reír
springen
saltar
knuffelen
abrazar
wandelen
caminar
zingen
cantar
dromen
soñar
bidden
rezar
kussen
besar

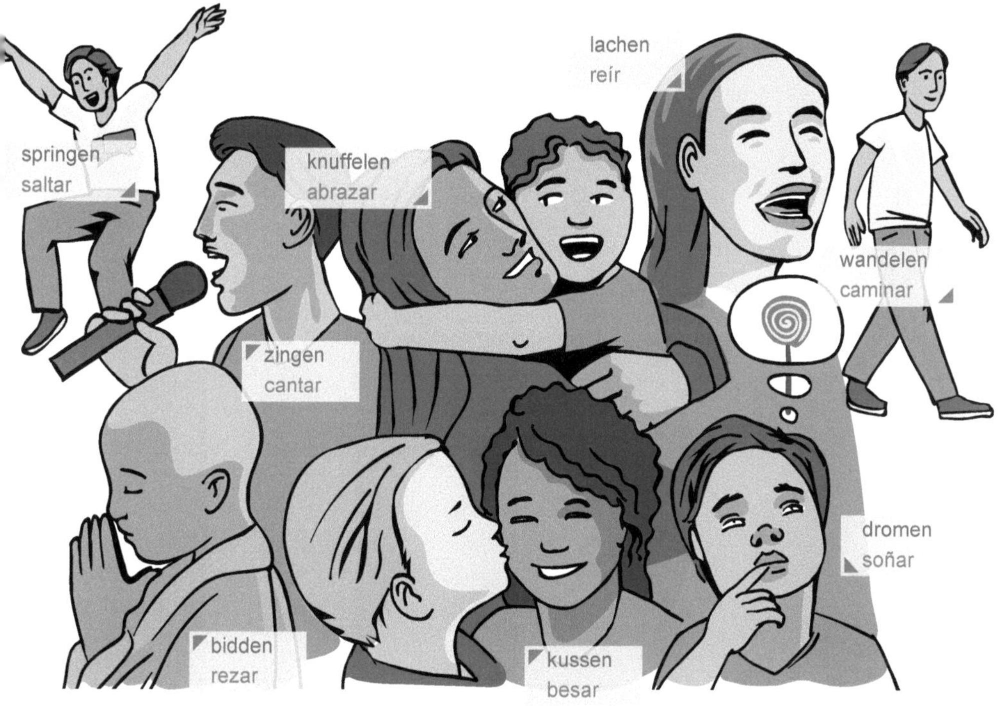

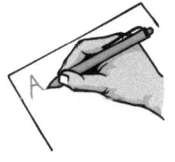

schrijven

escribir

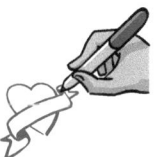

tekenen

dibujar

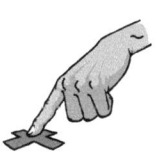

tonen

mostrar

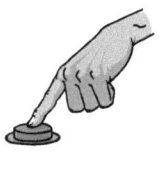

duwen

empujar

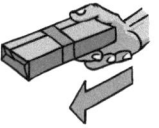

geven

dar

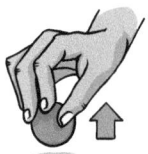

nemen

tomar

hebben
tener

doen
hacer

zijn
ser

staan
estar parado

lopen
correr

trekken
jalar

gooien
arrojar

vallen
caer

liggen
estar acostado

wachten
esperar

dragen
llevar

zitten
estar sentado

aankleden
vestirse

slapen
dormir

ontwaken
despertar

kijken naar

mirar

wenen

llorar

aaien

acariciar

kammen

peinar

praten

hablar

begrijpen

entender

vragen

preguntar

luisteren

escuchar

drinken

beber

eten

comer

opruimen

ordenar

houden van

amar

koken

cocinar

rijden

conducir

vliegen

volar

activiteiten - las actividades 65

zeilen

navegar

rekenen

calcular

Lezen

leer

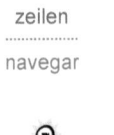

leren

aprender

werken

trabajar

trouwen

casarse

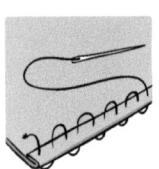

naaien

coser

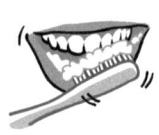

tandenpoetsen

cepillarse los dientes

doden

matar

roken

fumar

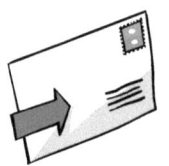

sturen

enviar

grootmoeder
la abuela

grootvader
el abuelo

vader
el padre

moeder
la madre

baby
el bebé

dochter
la hija

zoon
el hijo

gast
el invitado

tante
la tía

oom
el tío

broer
el hermano

zus
la hermana

lichaam

el cuerpo

voorhoofd
la frente
oog
el ojo
schouder
el hombro
vinger
el dedo
gezicht
la cara
kin
la barbilla
hand
la mano
been
la pierna
borst
el pecho
arm
el brazo

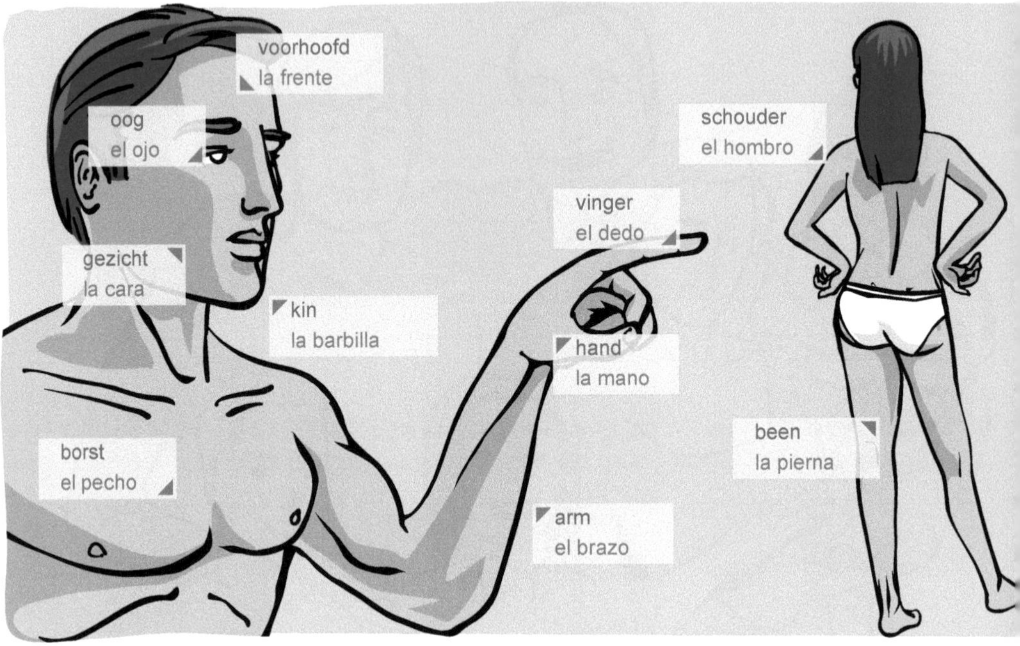

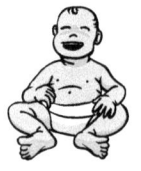

baby

el bebé

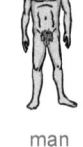

man

el hombre

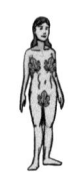

vrouw

la mujer

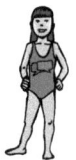

meisje

la niña

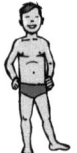

jongen

el niño

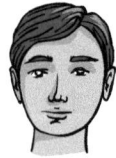

hoofd

la cabeza

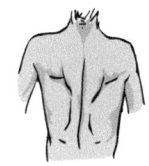

rug

la espalda

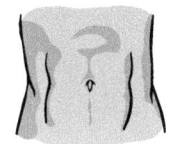

buik

la barriga

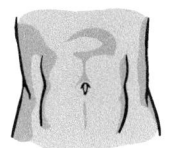

navel

el ombligo

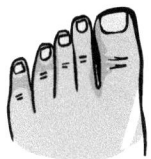

teen

el dedo del pie

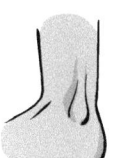

hiel

el talón

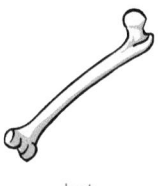

bot

el hueso

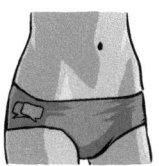

heup

la cadera

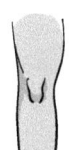

knie

la rodilla

elleboog

el codo

neus

la nariz

zitvlak

las pompis

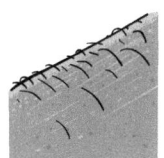

huid

la piel

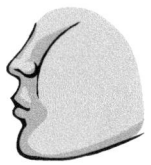

wang

la mejilla

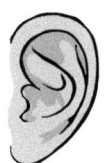

oor

el oído

lip

el labio

mond
....
la boca

tand
....
el diente

tong
....
la lengua

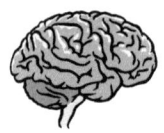

hersenen
....
el cerebro

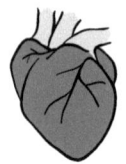

hart
....
el corazón

spier
....
el músculo

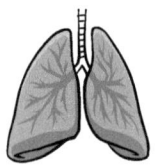

long
....
el pulmón

lever
....
el hígado

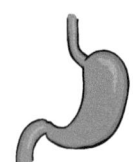

maag
....
el estómago

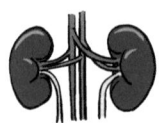

nieren
....
los riñones

seks
....
el sexo

condoom
....
el condón

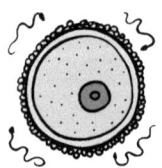

eicel
....
el óvulo

sperma
....
el semen

zwangerschap
....
el embarazo

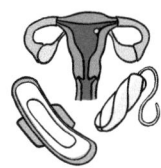

menstruatie

la menstruación

vagina

la vagina

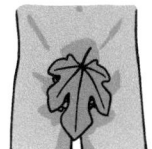

penis

el pene

wenkbrauw

la ceja

haar

el cabello

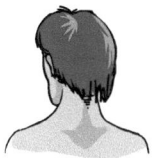

nek

el cuello

ziekenhuis
el hospital

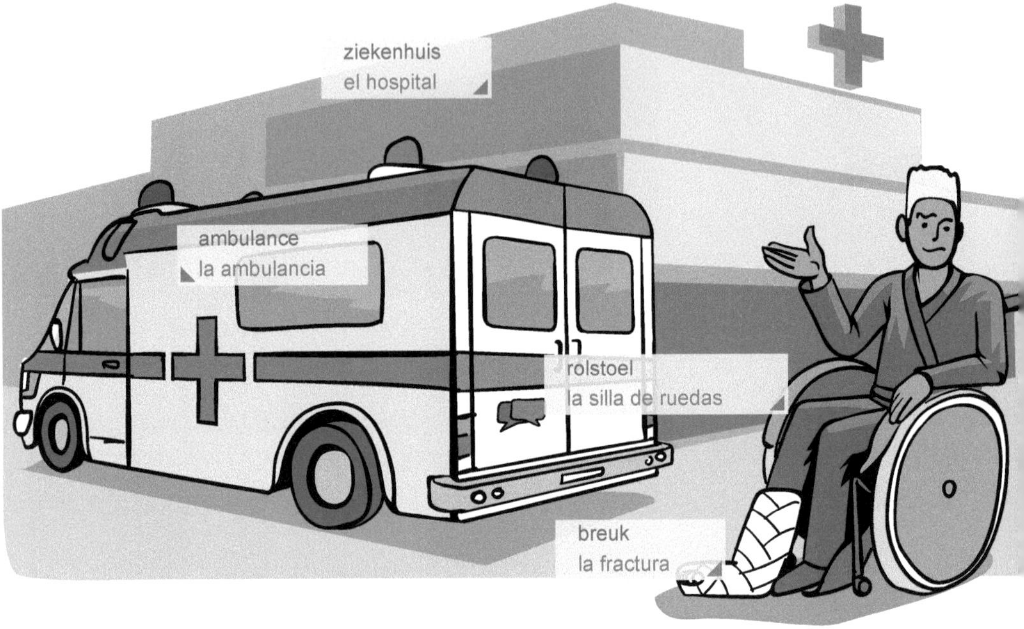

ziekenhuis
el hospital
ambulance
la ambulancia
rolstoel
la silla de ruedas
breuk
la fractura

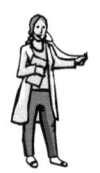

dokter

el médico

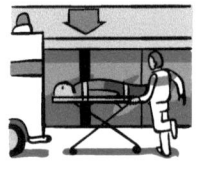

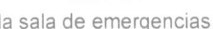

spoed

la sala de emergencias

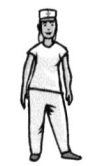

verpleegkundige

la enfermera

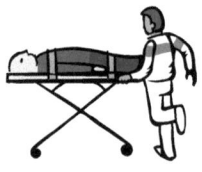

noodgeval

la emergencia

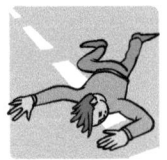

bewusteloos

inconsciente

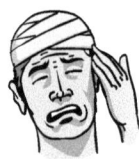

pijn

el dolor

verwonding

la lesión

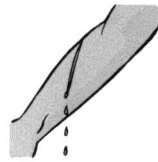

bloeding

la hemorragia

hartaanval

el infarto

beroerte

el accidente cerebrovascular

allergie

la alergia

hoest

la tos

koorts

la fiebre

griep

la gripa

diarree

la diarrea

hoofdpijn

el dolor de cabeza

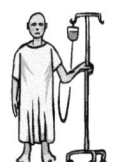

kanker

el cáncer

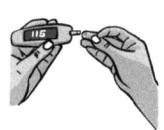

diabetes

la diabetes

chirurg

el cirujano

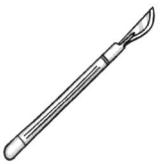

scalpel

el bisturí

operatie

la operación

CT

TC

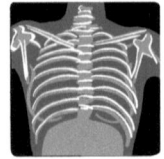

röntgenstraal

los rayos x

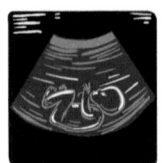

ultrageluid

el ultrasonido

gezichtsmasker

la mascarilla

ziekte

la enfermedad

wachtkamer

la sala de espera

kruk

la muleta

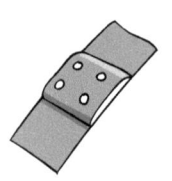

pleister

la vendita

verband

el vendaje

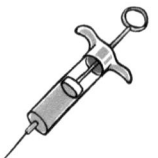

injectie

la inyección

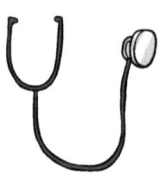

stethoscoop

el estetoscopio

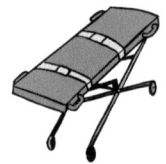

brancard

la camilla

thermometer

el termómetro

geboorte

el nacimiento

overgewicht

el sobrepeso

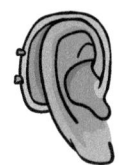

hooraparaat
el audífono

ontsmettingsmiddel
el desinfectante

infectie
la infección

virus
el virus

HIV / AIDS
VIH / SIDA

medicijn
la medicina

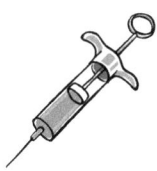

vaccinatie
la vacunación

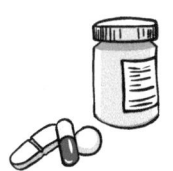

tabletten
las tabletas

pil
la pastilla anticonceptiva

noodoproep
la llamada de emergencia

bloeddrukmeter
el medidor de presión

ziek / gezond
enfermo / sano

Help!

¡Socorro!

alarm

la alarma

overval

la agresión

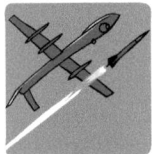

aanval

el ataque

gevaar

el peligro

nooduitgang

la salida de emergencia

Brand!

¡Fuego!

brandblusser

el extintor de incendios

ongeval

el accidente

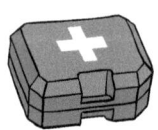

EHBO-kit

el botiquín de primeros
auxilios

SOS

SOS

politie

la policía

Europa

Europa

Noord-Amerika

Norteamérica

Zuid-Amerika

Sudamérica

Afrika

África

Azië

Asia

Australië

Australia

Atlantische Oceaan

el Atlántico

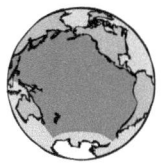

Stille Oceaan

el Pacífico

Indische Oceaan

el Océano Índico

Antarctische Oceaan

el Océano Antártico

Arctische Oceaan

el Océano Ártico

Noordpool

el polo norte

Zuidpool

el polo sur

Antarctica

la Antártida

aarde

la tierra

land

la tierra

zee

el mar

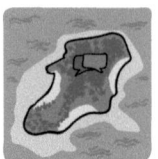

eiland

la isla

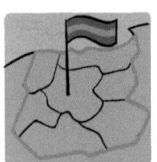

natie

la nación

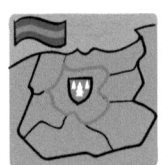

staat

el estado

wijzerplaat

la esfera

uurwijzer

la manecilla de las horas

minuutwijzer

el minutero

secondewijzer

el segundero

Hoe laat is het?

¿Qué hora es?

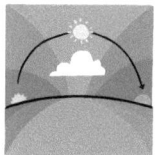

dag

el día

tijd

la hora

nu

ahora

digitale horloge

el reloj digital

minuut

el minuto

uur

la hora

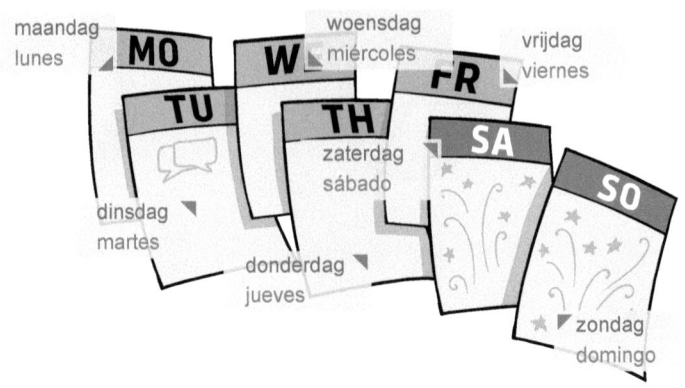

maandag / lunes — MO
woensdag / miércoles — W
vrijdag / viernes — FR
dinsdag / martes — TU
donderdag / jueves — TH
zaterdag / sábado — SA
zondag / domingo — SO

gisteren
....
ayer

vandaag
....
hoy

morgen
....
mañana

ochtend
....
la mañana

middag
....
el mediodía

avond
....
la tarde

MO	TU	WE	TH	FR	SA	SU
1	2	3	4	5	6	7
8	9	10	11	12	13	14
15	16	17	18	19	20	21
22	23	24	25	26	27	28
29	30	31	1	2	3	4

werkdagen
....
los días laborables

MO	TU	WE	TH	FR	SA	SU
1	2	3	4	5	6	7
8	9	10	11	12	13	14
15	16	17	18	19	20	21
22	23	24	25	26	27	28
29	30	31	1	2	3	4

weekend
....
el fin de semana

jaar
el año

regen
la lluvia
regenboog
el arco iris
sneeuw
la nieve
wind
el viento
lente
la primavera
herfst
el otoño
zomer
el verano
winter
el invierno

4.APRIL 11°
5.APRIL 4°
6.APRIL 13°
7.APRIL 8°
8.APRIL 10°

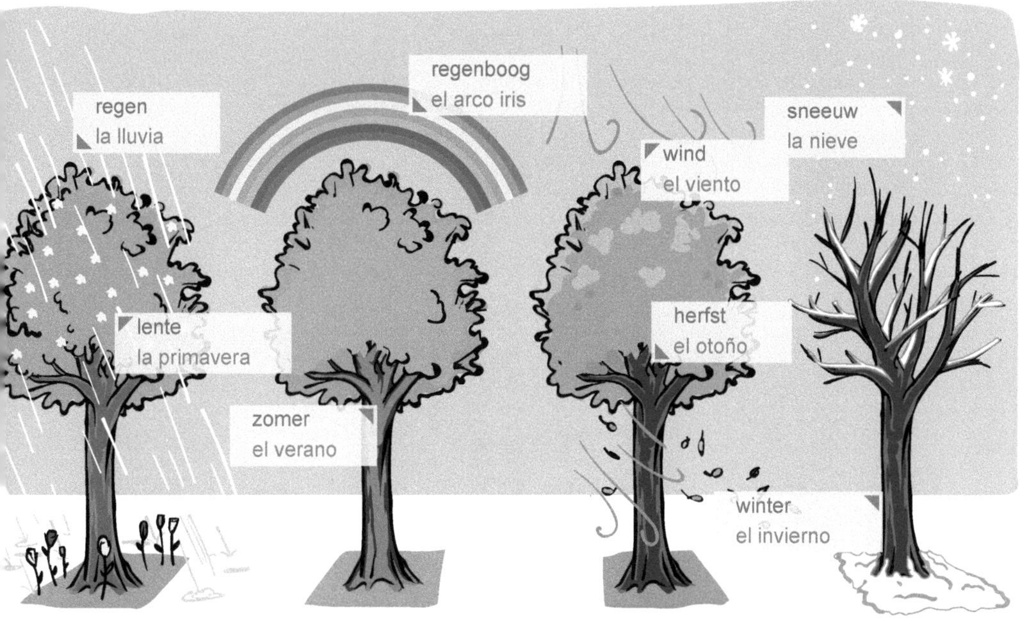

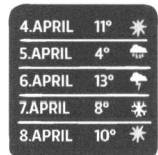

weervoorspelling
el pronóstico del tiempo

F
C
120
90
60
30
0
-30
40
30
20
10
0
-10
-20

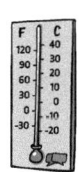

thermometer
el termómetro

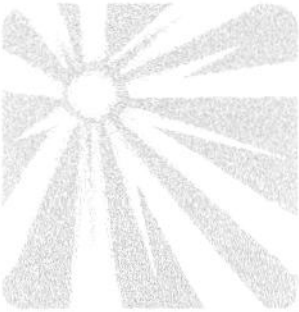

zonneschijn
el sol

wolk
la nube

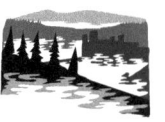

mist
la niebla

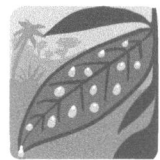

vochtigheid
la humedad

bliksem

el rayo

donder

el trueno

storm

la tormenta

hagel

el granizo

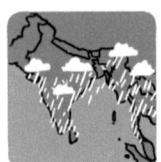

moesson

el monzón

overstroming

la inundación

ijs

el hielo

januari

enero

februari

febrero

maart

marzo

april

abril

mei

mayo

juni

junio

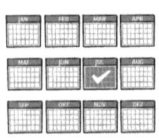

juli

julio

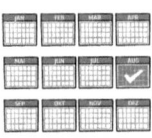

augustus

agosto

september
....
septiembre

oktober
....
octubre

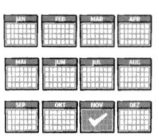

november
....
noviembre

december
....
diciembre

cirkel
....
el círculo

kwadraat
....
el cuadrado

rechthoek
....
el rectángulo

driehoek
....
el triángulo

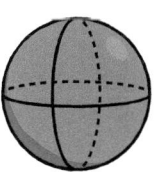

bol
....
la esfera

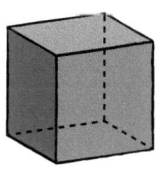

kubus
....
el cubo

colores

wit
....
blanco

geel
....
amarillo

oranje
....
naranja

roze
....
rosa

rood
....
rojo

paars
....
morado

blauw
....
azul

groen
....
verde

bruin
....
marrón

grijs
....
gris

zwart
....
negro

veel / weinig

mucho / poco

boos / kalm

enojado / tranquilo

mooi / lelijk

bonito / feo

begin / einde

principio / fin

groot / klein

grande / pequeño

licht / donker

claro / oscuro

broer / zus

el hermano / la hermana

proper / vuil

limpio / sucio

volledig / onvolledig

completo / incompleto

dag / nacht

el día / la noche

dood / levend

muerto / vivo

breed / smal

ancho / angosto

eetbaar / oneetbaar

comestible / no comestible

kwaadaardig / vriendelijk

malo / amable

opgewonden / verveeld

entusiasmado / aburrido

dik / dun

gordo / delgado

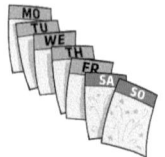

eerst / laatst

primero / último

vriend / vijand

el amigo / el enemigo

vol / leeg

lleno / vacío

hard / zacht

duro / blando

zwaar / licht

pesado / ligero

honger / dorst

el hambre / la sed

ziek / gezond

enfermo / sano

illegaal / legaal

ilegal / legal

intelligent / dom

inteligente / tonto

links / rechts

izquierda / derecha

dichtbij / veraf

cerca / lejos

nieuw / gebruikt

nuevo / usado

niets / iets

nada / algo

oud / jong

viejo / joven

aan / uit

encendido / apagado

open / dicht

abierto / cerrado

stil / luid

silencioso / ruidoso

rijk / arm

rico / pobre

juist / fout

correcto / incorrecto

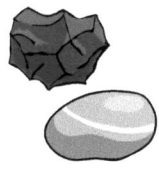

ruw / glad

áspero / suave

droevig / blij

triste / contento

kort / lang

corto / largo

traag / snel

lento / rápido

nat / droog

húmedo / seco

warm / koud

caliente / frío

oorlog / vrede

guerra / paz

0

nul

cero

1

één

uno

2

twee

dos

3

drie

tres

4

vier

cuatro

5

vijf

cinco

6

zes

seis

7

zeven

siete

8

acht

ocho

9

negen

nueve

10

tien

diez

11

elf

once

12

twaalf
....
doce

13

dertien
....
trece

14

veertien
....
catorce

15

vijftien
....
quince

16

zestien
....
dieciséis

17

zeventien
....
diecisiete

18

achtien
....
dieciocho

19

negentien
....
diecinueve

20

twintig
....
veinte

100

honderd
....
cien

1.000

duizend
....
mil

1.000.000

miljoen
....
el millón

Talen

los idiomas

Engels

el inglés

Amerikaans Engels

el inglés americano

Chinees (Mandarijn)

el chino mandarín

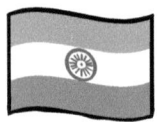

Hindi

el hindi

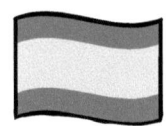

Spaans

el español

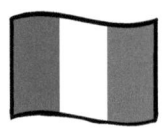

Frans

el francés

Arabisch

el árabe

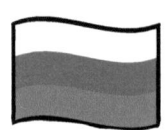

Russisch

el ruso

Portugees

el portugués

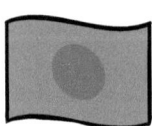

Bengali

el bengalí

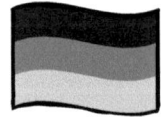

Duits

el alemán

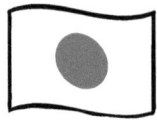

Japans

el japonés

ik

yo

u

tú

hij / zij / het

él / ella

wij

nosotros

u

vosotros

ze

ellos

wie?

¿quién?

wat?

¿qué?

hoe?

¿cómo?

waar?

¿dónde?

wanneer?

¿cuándo?

naam

el nombre

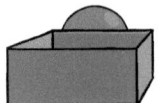

achter

detrás

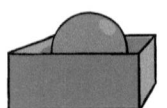

in

en

voor

delante de

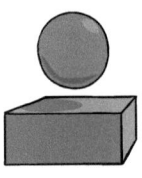

boven

por encima de

op

sobre

onder

debajo de

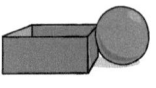

naast

junto a

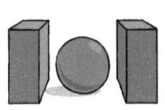

tussen

entre

plaats

el lugar